AF494357

G. 340. 8
5.

3352

RECUEIL
DES
MEMOIRES
QUI ONT ÉTÉ PUBLIÉS
AVEC LES
CARTES HYDROGRAPHIQUES,

Que l'on a dressées au Dépôt des Cartes & Plans de la Marine, pour le service des Vaisseaux du Roi par ordre du Ministere, depuis l'année 1737. jusqu'en 1751.

Par le Sieur BELLIN Ingénieur ordinaire de la Marine.

BIBLIOTHEQUE ROYALE

BIBLIOTHEQUE ROYALE

AVERTISSEMENT.

L'Hydrographie ne doit pas être mise au rang de ces sciences dont le progrès intéresse peu la Société, utile à toutes les Nations, & surtout aux Nations commerçantes, on ne doit rien négliger pour la conduire à ce point de perfection si nécessaire & si désiré.

Les Anglois & les Hollandois pénétrés de cette vérité paroissent s'être livrés plus particulierement que les autres Nations à la construction des Cartes Hydrographiques.

Le grand nombre qu'ils en ont publié & répandu par toute l'Europe, quoique souvent emprunté des Espagnols & des Portugais, leur fera toujours honneur; mais ont-elles ce dégré de précision dont les Navigateurs ont besoin? On ne craint point de dire qu'il s'en faut beaucoup. On est même surpris quand on examine cette multitude de Cartes avec des yeux instruits & critiques, d'y trouver si peu d'exactitude, & l'on sent combien il étoit important pour la sureté des Navigateurs d'en entreprendre la correction.

Il est vrai qu'il n'est pas facile de parvenir à cette correction, pour laquelle il faut des secours extraordinaires qu'un particulier n'eſt pas en état de ſe procurer; le Miniſtere ſeul peut les donner. Et ce n'eſt que dans un dépôt tel que celui des Cartes, Plans & Journaux de la Marine qu'on peut raſſembler tous les matériaux néceſſaires à une pareille entrepriſe.

La protection particuliere que le Miniſtre de la Marine accorde à notre travail nous a mis en état d'ouvrir cette carriere qui étoit abandonnée en France depuis la fin du ſiécle dernier, & dans laquelle nous oſons nous flatter d'avoir fait plus de progrès qu'on n'en a fait juſqu'ici : pour le prouver nous raſſemblons ici les Mémoires rélatifs à chaque Carte Marine qui a été dreſſée au Depôt pour le ſervice des Vaiſſeaux du Roi, & dans leſquels nous rendons compte des principales remarques & obſervations dont nous avons fait uſage, les ſources où nous les avons puiſées, la maniere dont nous les avons miſes en œuvre, & les corrections importantes qui en ont réſulté; deſorte qu'il eſt aiſé de juger le dégré de confiance qu'on peut avoir dans notre travail.

Quelques perſonnes trouveront peut-être que nous avons répandu beaucoup de critique contre les Cartes Angloiſes & Hollandoiſes; nous en convenons, & nous n'avons pas plus épargné les Cartes Françoiſes ; mais cette critique n'a rien d'offenſant pour les uns ni pour les autres, car comme ce genre d'étude n'a d'autre but que d'approcher le plus qu'il eſt poſſible de la vérité, elle devient un flambeau néceſſaire pour ſe guider dans les ténébres dont on eſt environné; & je ſuis perſuadé que tout Sçavant qui ſe livre à l'étude de l'Hydrographie & à la conſtruction des Cartes Marines, eſt autant flatté d'un trait de critique qui l'éclaire que des plus grands éloges.

Qu'il nous ſoit permis de dire que c'eſt cette façon

de penser qui nous a fait prier dans tous nos Mémoires les Navigateurs d'examiner notre travail, & de nous faire part de leurs observations, sans craindre de blesser notre amour propre par la critique la plus sévere.

C'est cette même façon de penser qui nous engage à faire connoître quelques corrections qu'il convient de faire aujourd'hui sur les premieres Cartes que nous avons publié.

1°. Sur la Carte de l'Océan Occidental de 1742. le Cap S. Vincent est placé 12 à 14 minutes trop Sud, il faut le mettre précisément par les 47 degrés de latitude. La longitude de Louisbourg est d'un degré & quelques minutes plus Occidentale que je ne l'ai marqué. M. de Chabert Officier des Vaisseaux du Roy, qui a été envoyé par Sa Majesté en 1750. pour faire des Observations Astronomiques dans cette partie de la terre, a déterminé cette longitude, & nous attendons qu'il ait publié le détail de ses Observations pour nous y conformer; mais sur ce qu'il en a communiqué au Dépôt, il est certain que ma Carte marque 17. à 18. lieues moins de chemin de France à l'Isle Royale que les Observations Astronomiques n'en donnent; ce que l'on peut cependant regarder comme une petite erreur sur une distance de 760. lieues, & dont les Navigateurs peuvent à peine s'appercevoir, & qui d'ailleurs ne peut les exposer à aucun danger; car il vaut bien mieux dans une traversée être en garde à l'attérage, que de marquer les distances trop grandes, puisque dans ce dernier cas un Navigateur se trouve sur les terres en danger de se perdre, lorsqu'il croit avoir encore à courir pour y arriver. L'embouchure de la Riviere des Amazones est mal figurée. J'ai suivi les Cartes Angloises & Hollandoises faute de connoissances plus particulieres; mais depuis, M. de la Condamine en a publié des détails bien plus exacts & bien différens, auxquels je me conformerai.

2°. Sur la Carte de l'Océan Méridional de 1739. l'embouchure de la Riviere des Amazones est semblable à celle de l'Océan Occidental, elle exige les mêmes corrections. J'en ai aussi quelques-unes à faire sur cette partie de la Côte, depuis la Riviere de la Plata jusqu'au Détroit de Magellan pour me conformer aux remarques qui ont été faites en 1746. par les RR. PP. Jesuites & les Officiers que le Roi d'Espagne a envoyé pour visiter cette Côte. Je n'ignore pas que quelques Navigateurs prétendent que les Isles de l'Ascençaon & celles de la Trinité sont les mêmes que l'on place par différentes longitudes, & que l'on appuye encore ce sentiment sur les Journaux des Vaisseaux de la Compagnie des Indes l'Aigle & la Marie, qui en 1739. on fait la recherche de ces Isles; mais malgré cela, je crois toujours que ce sont des Isles différentes, & qui existent dans la position, à peu de chose près, que je les ai placées dans ma Carte. Les recherches que j'ai faites à cette occasion me mettent en état d'entrer dans une discussion fort étendue à cet égard, dont ce n'est point ici la place. Je ne crois pas qu'il y ait d'ailleurs d'autres corrections importantes à faire sur ma Carte de l'Océan Méridional, à moins que ce ne soit sur la longitude du Cap de Bonne-Esperance, pour laquelle j'ai suivi des Observations Astronomiques que quelques-uns prétendent, & surtout les Anglois, n'avoir pas le degré de précision nécessaire, mais je n'ai pas trouvé plus de certitude dans celles qu'ils y opposent, & je ne crains point d'avancer que s'il s'agissoit de discuter ce point, je me déterminerois encore comme j'ai fait; mes preuves sont fortes; elles céderont cependant aux observations précises que nous ne tarderons pas d'avoir sur cette longitude & auxquelles je me conformerai.

3°. La Carte de la Mer des Indes publiées en 1740.

quoique travaillée avec beaucoup de soin, & dont les Navigateurs ont paru contens, est susceptible aujourd'hui de quelques corrections dans des parties du détail, je les dois aux Officiers qui commandent les Vaisseaux de la Compagnie des Indes, qui se servent de ma Carte depuis une dixaine d'années; mon dessein étant de profiter de tout ce qui paroîtra de bon dans l'Europe, & le faire passer dans mes ouvrages; mais je citerai toujours avec plaisir ceux dont j'aurai emprunté quelques détails. A l'égard des morceaux étrangers, je n'en ferai point d'usage que je ne les entende bien, afin de ne point tomber dans les fautes que l'on trouve dans plusieurs qui ont copié des Cartes sans entendre la langue dans laquelle elles étoient, & dont il y a des exemples bien singuliers.

4°. La Carte de la Mer du Sud que nous avons publiée en 1741. renfermant une grande portion du Globe, nous avons été obligé de diminuer considérablement le point qui ne se trouve pas le même que nos autres Cartes générales : ainsi il n'a pas été possible d'entrer dans de certains détails, & l'on n'en peut faire usage que pour les grandes traversées; mais nous comptons donner les Côtes de l'Amérique dans la Mer du Sud en plusieurs feuilles, où nous tâcherons de rassembler toutes les connoissances nécessaires pour cette navigation.

A l'égard de la longitude de la Terre de Feu & de cette partie de la Côte du Chili qui en est voisine, que quelques Sçavans, & surtout les Anglois, prétendent être beaucoup plus Occidentale que je ne l'ai marquée; c'est une discussion Géographique trop étendue pour pouvoir trouver ici sa place; je la reserve pour joindre à l'Analyse que je publierai avec les Cartes particulieres des Côtes Occidentales de l'Amérique que je compte donner, je crois seulement devoir avertir que je placerai peut-être le Détroit du Maire 40 ou 45 lieues plus à l'Oueſt ; eu égard au giſſement de la Côte depuis la Riviere de la Plata ; mais que bien loin de ſuivre les Remarques qu'on trouve ſur cette partie dans le Journal du Lord Anſon, j'aurois des moyens de critique bien forts à lui oppoſer, & qui me paroiſſent détruire ſon ſentiment ſur la longitude de cette Côte. Enfin je ne cherche que la vérité, & je ne négligerai rien de tout ce qui pourra m'y conduire.

BIBLIOTHÈQUE NATIONALE R. IMPRIMÉS

OBSERVATIONS

OBSERVATIONS SUR LA CARTE REDUITE DES MERS DU NORD,

Dressée au dépôt des Cartes, & Plans de la Marine, pour le service des Vaisseaux du Roi : par ordre de M. Rouillé, Chevalier, Comte de Jouy, &c. Sécrétaire d'Etat, ayant le Département de la Marine. 1751.

LA Carte que nous publions sous le nom des Mers du Nord, comprend les Côtes de l'Europe depuis le 48 degré de latitude septentrionale, jusqu'au 75 degré; avec celles de l'Amérique qui leur sont opposées ; & elle renferme cent cinq dégrés en longitude : desorte que l'on y trouve la Manche ou le Canal, les Isles Britaniques, une partie des Côtes de France ; celles des Pays-bas & Provinces-Unies, les Côtes de Dannemarck & de Suede, la Mer Baltique en entier, & les Côtes de Norwege & de Laponie jusques & compris la Mer Blanche ; l'Islande, le Groenland, dans toute l'étendue que les divers Auteurs tant anciens que modernes lui ont donné ; le Détroit de Davis, l'entrée de celui de Hudson, les Côtes de Labrador, le Détroit de Belle-Isle (peu connu par les Cartes) & partie de l'Isle de Terreneuve.

Les Navigateurs nous demandoient depuis long-tems un Ocean Septentrional, qui naturellement auroit dû suivre nos quatre Cartes Générales publiées en 1738. 1739. 1740. & 1741. mais le peu de connoissance que nous avions sur diverses parties qui se trouvent entrer dans cette Carte, l'étude particuliere & les recherches qu'il a fallu faire pour y parvenir, ne nous ont pas permis de la donner plutôt : on seroit bien dédommagé de l'attente si l'ouvrage en étoit meilleur, nous ne craignons point d'avancer que nous avons tout lieu de le croire ; & c'est dans cette idée que nous allons rapporter le plus succinctement qu'il nous ſera poſſibe, les Obſervations dont nous nous ſommes ſervis pour la conſtruction de cette Carte.

1°. Les Côtes de France depuis Breſt juſqu'à Dunkerque, & celles d'Angleterre depuis la Tamiſe juſqu'au Canal de Briſtol, ſont copiées ſur la Carte particuliere de la Manche que nous avons donné en 1749. ainſi nous renvoyons pour les détails, qui concernent cette partie au Mémoire imprimé que nous avons publié en même tems.

Le reſte des Côtes d'Angleterre, celles d'Ecoſſe & d'Irlande, ſont tirées du Pilote Coſtier de la grande Bretagne de Greenville Collins; du Pilote Anglois derniere édition, & de pluſieurs Routiers & portulans manuſcrits qui ſont au dépôt des Cartes & Plans de la Marine.

2°. Les Côtes des Provinces-Unies ſont aſſujetties à l'obſervation aſtronomique donnée par Hortenſius, qui met Amſterdam 2 degrés 39. minutes à l'Orient du Meridien de Paris, & cette obſervation a été adoptée par Meſſieurs de l'Académie Royale des Sciences. Les Hollandois ayant donné des Cartes Marines très-détaillées de toutes leurs Côtes, nous n'avons pû mieux faire que de copier celles qu'on regarde comme les meilleures, en les faiſant cadrer avec l'obſervation de longitude rapportée ci-deſſus.

3°. La Mer Baltique, ſes entrées, les Côtes de Dannemarck & de Suede, le Golphe de Bothnie & celui de Finlande, ont exigé de nous l'attention la plus ſcrupuleuſe, & la diſcuſſion la plus exacte.

Nous avons ſur toutes ces parties diverſes Cartes Suédoiſes publiées à Stokolm depuis quelques années, les unes pour la Navigation, les autres pour la Géographie; on doit regarder ces Cartes Nationnales, comme ce qu'il y a de mieux: cependant je n'ai pas cru devoir les copier ſervilement & ſans employer les moyens de critique & de comparaiſon dont j'ai tiré juſqu'ici un grand avantage dans la conſtruction de nos Cartes Hydrographiques. Je les ai comparées avec les obſervations aſtronomiques qui ont été faites pour déterminer la longitude de Copenhague, de Dantzik, de Stokolm, de Peterſbourg, & de Torneo. Dans beaucoup de parties nous avons trouvé un accord parfait, & dans celles qui paroiſſent s'écarter un peu des obſervations aſtronomiques, avec quelque travail nous les avons fait cadrer, ſans craindre que la juſteſſe de notre Carte en ſoit alterée, ni qu'il en puiſſe réſulter d'erreur préjudiciable à la Navigation.

Ainſi nous n'avons employé les Obſervations aſtronomiques que pour déterminer quelques points fixes aſſez éloignés les uns des autres pour y encadrer les parties de détail que toutes ces Cartes nous ont données.

Les Journaux des Navigateurs nous ont été d'un grand ſecours; nous en avons tiré pluſieurs obſervations de latitude à la vûe des terres, des diſtances eſtimées de proche en proche, des Giſſemens obſervés & des Relevemens faits avec ſoin, au moien deſquels nous ſommes parvenus à des corrections importantes dont voici quelques exemples.

Le Cap Derneus dont la poſition eſt d'une grande conſéquence pour la Navigation des Mers du Nord, eſt placé ſur les Cartes Hollandoiſes par les 57. degrés 35. minutes, & ſur notre Carte il eſt par les 58 degrés, à une ou deux minutes près dont on ne peut pas répondre à cauſe de la petiteſſe du point ; voici ſur quoi nous fondons cette correction.

Le Pilote du Vaiſſeau du Roi le Bourbon dans le Journal de ſa Campagne de la Mer Baltique en 1739. dit qu'ayant pris hauteur avec l'arbaleſtrille „ à la vûe du Cap Derneus en 1718. „ en 1733. & en 1739. ce Cap s'eſt trouvé ſitué, par les 57 de-„grés 56 minutes.

Le Pilote du Vaiſſeau du Roi le Fleuron dans ſon journal de 1739. dit: „ Sur toutes les Cartes généralement le Cap Derneus „ eſt marqué trop Sud, il eſt par les 58 degrés de latitude & „ toutes le marquent, par les 57 degrés 35 minutes.

Les Vaiſſeaux du Roi l'Ardent, la Meduſe, & l'Eliſabeh ont fait la même remarque en 1739. leurs obſervarions ne différant que de 2 ou 3 minutes.

Dans le Journal de l'Ardent il y a une route eſtimée avec ſoin du Cap Derneus à la pointe de Schaguen, qui donne d'une pointe à l'autre 33 lieues à l'Eſt quart de Sud-Eſt : au retour il a trouvé 33 à 34 lieues à l'O ¼ N. O. 2 ou 3 degrés Oueſt. Ce qui cadre parfaitement avec notre Carte.

C'est ainsi que j'ai discuté un très-grand nombre de points, dont le détail jetteroit extrêmement loin, je me contenterai de rapporter encore un exemple.

Un habile Pilote embarqué sur un des Vaisseaux de l'Escadre envoyée dans la Mer Baltique en 1739. a observé que la Tour de Landsort qui fait l'entrée des Cherems, étoit par les 58 degrés 40 minutes de latitude, il a trouvé que de Landsort à la pointe du Nord de l'Isle d'Oeland il auroit fait 32 lieues au Sud-Ouest quart d'Ouest, alors observé la latitude de cette pointe par 57 degré 5 minutes; en comparant ces deux observations de latitude, on trouve 55 minutes de différence; examinant ensuite l'air de vent & le chemin estimé, on trouve qu'il en résulte 54 minutes pour la différence en latitude du point de partance au point d'arrivée. Je ne crois pas qu'on puisse attendre plus de précisions de pareilles opérations, il seroit à souhaiter qu'on en eût beaucoup de semblables.

La longitude de Stokolm a été donnée par M. de la Hire de 16 degrés 15 minutes à l'Orient du Meridien de Paris, & je l'ai suivie parce que j'ai trouvé qu'il étoit aisé de la concilier avec les Cartes Suedoises dont j'ai fait usage, & avec quelques autres points fixes.

En voici la preuve. Petersbourg est situé par 28. degrés 15. minutes 2. secondes à l'Orient du Meridien de Paris, suivant les observations de M. Delisle, ainsi la difference des Meridiens entre Stokolm & Petersbourg, seroit de 12. degrés. J'ai consulté une Carte Geographique Suedoise publiée à Stokolm en 1747. & j'ai trouvé par l'échelle de cette Carte environ 63 mille Suedois entre Stokolm & Petersbourg (*a*) qui reviennent à 121. lieues Marines de France de 20 au degré : réduisant ces 121. lieues en degrés sur le parallele convenable à la latitude de ces deux places, on aura 12 degrés, 6 minutes pour la différence de leurs Meridiens, conformément à ce qui résulte des deux observations astronomiques raportées ci-dessus. J'ai donc fait passer cette partie

(*a*) Le mille Suedois est composé de 18600. aunes Suedoises, l'aune Suedoise vaut 1 pied 10 pouces de France, ainsi le mille Suedois vaut 5500. de nos toises. Le reste du calcul est aisé, ayant supposé la terre Spherique.

de la Carte Suedoiſe ſur la mienne ſans aucun changement dont on puiſſe s'appercevoir.

A l'égard du fond du Golphe de Bothnie, je l'ai aſſujetti à l'obſervation de longitude que les Mathématiciens François qui ont été à Torneo en 1736. nous ont donné. On trouve dans leurs ouvrages que cette place eſt 20 degrés 45 minutes à l'Orient du Meridien de Paris, au lieu que la Carte Suedoiſe met Torneo 6 degrés 15 minutes à l'Orient de Stokolm, & par conſéquent à 22 degrés 30 minutes de Paris : il a donc fallu pour faire uſage de cette partie de la Carte Suedoiſe faire quelque changement dans les points de longitude ; mais on le fait de façon que le détail n'en ſouffre point, & qu'il n'en réſulte aucune erreur ſenſible ſur les diſtances & les giſſemens en les prenant de proche en proche.

La Carte Suedoiſe que je viens de citer n'eſt pas la ſeule dont j'ai fait uſage ; j'en ai conſulté pluſieurs autres, parmi leſquelles il y a une Carte Marine fort eſtimée en Suede & dans tout le Nord, qui comprend la Mer Baltique depuis la pointe de Schaguen juſqu'aux Iſles d'Aland à l'entrée du Golphe de Bothnie. Cette Carte à été dreſſée par le ſieur Nicolas Stromcrona, Commendant & Directeur des Pilotes, qui l'a dédiée aux Amiraux de Suede & au College de l'Amirauté. On y trouve entre les Méridiens de Peterſbourg & de Sokolm environ 70 milles Suedois & comme cet Auteur évalue le degré du Méridien à 11 $\frac{2}{17}$ milles (a) Suedois, il s'en ſuivroit de la diſtance ci-deſſus environ 12 degrés, 30 minutes pour la différence des Méridiens de ces deux lieux. Ce qui s'accorde aſſez bien avec les opérations précédentes.

4°. Les Côtes de Norwege & de Laponie ſont trop dépourvuës d'obſervations, pour nous flatter de plus de préciſion qu'on n'en trouve dans les Cartes Angloiſes & Hollandoiſes réputées pour les meilleures ; je les ai comparées, pour ne rien négliger avec quelques remarques particulieres & quelques obſervations qui ſont rapportées dans le Recueil des voyages au Nord ; mais ſur leſ-

(a) On a vû ci-devant le mille Suedois évalué à 5500. de nos toiſes, ce qui donne 10 $\frac{103}{267}$ mille pour un degré du Méridien : ici l'Hydrographe Suedois ſe ſert d'un mille qui n'auroit que 5132. toiſes, plus court que l'autre de 368. toiſes.

quelles j'ai eu lieu de me convaincre qu'il ne falloit pas beaucoup compter : car quoi qu'on y trouve des latitudes obſervées on ne doit pas s'y fier, j'en ai la preuve dans la latitude de Kilduin que Jean Huyen de l'Inſchoten en 1694. dit avoir obſervée à terre (*a*) de 69 degrés 40. minutes : au lieu qu'elle eſt de 69. degrés, 22 minutes obſervée en 1727. (*b*) par M. Deliſle de la Croyere, auſſi bien que celle de la Ville de Kola, ce qui m'a fait connoître que cette Côte étoit placée trop Nord dans toutes les Cartes.

Qu'il me ſoit permis de dire que la Mer Blanche eſt beaucoup mieux traitée dans ma Carte qu'on ne la vûe juſqu'ici ; mais je dois dire auſſi que je ſuis redevable de cette exactitude aux obſervations aſtronomiques que M. Deliſle de la Croyere y a faites en l'année 1727. par ordre de la Cour de Ruſſie, & dont il paroît que les Hydrographes n'ont point encore fait d'uſage. Ce Sçavant à déterminé la latitude & la longitude d'Arcangel , les latitudes de Candalax & de Koveda, dans la partie Septentrionale de cette Mer, celles de Kieritte, de Kiemi, & de Somma, cette derniere eſt la plus méridionale. Ces lieux ſont autant de points fixes auxquels j'ai aſſujetti une Carte particuliere de la Mer Blanche qu'on trouve dans le Pilote Anglois, après l'avoir comparée avec celles des Hollandois, de ſorte que j'ai réuni dans la mienne les détails que les unes & les autres m'ont pû fournir.

5°. L'Iſlande & le Groenland m'ont donné beaucoup de peine & peu de ſatisfaction, quoique je n'aye point épargné les recherches pour tâcher d'étendre le peu de connoiſſances que nous en avons.

La ſeule Carte détaillée que l'on aît de l'Iſlande eſt celle d'André Velleius, dédiée à Frederic Second, Roi de Dannemarck , Norwege &c. gravée en 1585. elle a été copiée par le ſieur Duval en 1644. & par le ſieur Sanſon en 1698. nous la copions à notre tour, en ſuprimant le détail inutile des noms de pluſieurs habitations qui n'exiſtent plus aujourd'hui.

Sa latitude eſt déterminée ſur celle de la Ville de Hola, ſituée ſur la Côte Septentrionale de cette Iſle par les 65 degrés

(*a*) Recueil des voyages au Nord tome 4

(*b*) Mémoires de l'Académie de Peterſbourg tome 3.

44 minutes. Cette obfervation eft rapportée par Angrimus Jonas dans (*a*) fa Crimogée Iflandique, où il dit qu'il la tient de l'Evêque même de Hola, Gundebrand de Thorlac, fon compatriote & intime ami, auditeur de Ticobrahé & grand aftronome. Le Groenland tel que nous le reprefentons eft la copie d'une Carte qui a paru en 1750. fous ce titre : *Nouvelle Carte du Groenland de l'Iflande & du Détroit de Davis, corrigée fur les obfervations modernes de la Miffion Danoife*, par M. Anderfon de l'Académie Impériale &c. Elle fe trouve à la tête de l'Hiftoire naturelle de l'Iflande du Groenland &c. traduite de l'Allemand en 1750. J'ai cru ne pouvoir mieux faire que de copier cette Carte, qui a été dreffée par un homme très-capable, qui n'a rien négligé pour s'inftruire, qui étoit à portée de fe procurer toutes les connoiffances néceffaires, & auxquelles il nous auroit été très-difficile de parvenir fans fon fecours, comme on peut le voir en jettant les yeux fur les fources ou il a puifé & qui font rapportées à la tête de fon ouvrage.

Il eft bon de remarquer que la partie Orientale du Groenland dont nous donnons le détail, n'eft d'aucun ufage aujourd'hui, ces Côtes font perdues depuis longtems pour les Européens ; & malgré les tentatives de plufieurs Navigateurs pour chercher ce pays qui étoit fort connu dans le milieu du 8 fiécle ; on n'a pû y parvenir ; on feroit prefque tenté de croire que ce pays n'exifte plus, fi un habile Navigateur (*b*) employé à la recherche de l'ancien Groenland n'avoit affuré que dans un voyage il avoit été affez heureux pour l'approcher à 2 lieues ; mais que ces efforts pour y aborder avoient été inutiles, à caufes des glaces qui entourroient la Côte & il eut toutes les peines du monde à fe débarraffer des glaces flotantes, & regagner la pleine Mer.

A l'égard du Détroit de Davis il eft paffablement connu, les Hollandois qui le fréquentent beaucoup en ont plufieurs Cartes, dont la meilleure eft celle de Laurent Feykes Haan, publiée par Gerard Vankeulen, elle eft en grand point & renferme beaucoup

(*a*) Angrimus Jonas, Ecrivain Iflandois. Sa Crimogée eft affez rare, il y en a une imprimée à Hambourg en 1609.

(*b*) Magnus Heiningffem, envoyé par Frederic fecond Roi de Dannemark à la découverte du Groenland.

de détail, jai fait passer cette Carte en entier sur la mienne.

6°. L'Entrée du Détroit de Hudson & la Côte de Labrador sont tirées des Cartes Angloises. Comme nous n'avons pas de remarques particulieres sur le gissement de ces Côtes, ni sur la situation des Ports & Havres, & que les Anglois les fréquentent dans leurs voyages de la Baye de Hudson, on doit présumer qu'il y a plus de précision dans les Cartes qu'ils en ont donné, que dans celles des autres Nations; cependant nous ne craignons point de dire que nous y avons peu de confiance, & les erreurs considérables qu'on y trouve sur la position de quelques-unes de ces parties, que nous connoissons assez bien, & que nous avons corrigées, nous porte à croire que le reste est très-défectueux. On trouve la preuve de ce que je viens d'avancer dans la fameuse Carte en vingt feuilles de l'Amérique Septentrionale de M. Poople, ou le Cap Charles (au Nord du Détroit de Belle-Isle) est placé plus d'un degré trop Nord, & ou le Détroit de Belle-Isle & les Côtes de Terreneuve & de Labrador qui le forment n'ont aucune vérité. Mais nous n'avons pas dessein de nous étendre ici sur cette partie, que nous espérons donner dans peu en grand point avec tout le Golphe de S. Laurent & l'Isle de Terreneuve : objet extrêmement interressant pour la Navigation.

Ce qu'on vient de voir me paroît suffisant pour faire connoître les observations dont nous avons fait usage pour dresser une Carte Générale des Mers du Nord, faire voir les sources ou nous avons puisé les parties de détail, & mettre les sçavans & les Navigateurs en état de nous opposer une critique saine & judicieuse, à laquelle nous nous rendrons toujours avec plaisir.

On trouve cette Carte à Paris chez M. Bellin, Ingénieur ordinaire de la Marine, ruë Dauphine près la ruë Christine. Et dans les principaux Ports du Royaume.

R.F.

www.ingramcontent.com/pod-product-compliance
Ingram Content Group UK Ltd.
Pitfield, Milton Keynes, MK11 3LW, UK
UKHW022252170726
13837UKWH00006B/2507